Dr. Oetker

KÜRBIS

Die besten Rezepte

Dr. Oetker

KÜRBIS

Die besten Rezepte

Dr. Oetker Verlag

Vorwort

Herbstzeit ist Kürbiszeit.
Werden Sie der herbstlichen Kürbisschwemme nicht mehr Herr?
Diese Zeiten sind nun für immer vorbei - denn mit dem neuen Kürbis-Buch von Dr. Oetker gehen Ihnen die Ideen für köstliche Kürbisrezepte nie mehr aus.

Sie werden sehen, dass Kürbis nicht langweilig wird.
Mit Rezepten für Suppen, Aufläufe, Pfannkuchen, Brot oder Muffins werden Sie und Ihre Familie zu wahren Kürbis-Fans.

Auch für die Halloween-Party in der Nacht vom 31. Oktober auf den 1. November sind Sie nun bestens gerüstet, denn viele Rezepte eignen sich sehr gut für ein Party-Buffet.

Alle Rezepte sind von Dr. Oetker getestet.

Abkürzungen

EL = Esslöffel
TL = Teelöffel
Msp. = Messerspitze
Pck. = Packung/Päckchen
g = Gramm
kg = Kilogramm
ml = Milliliter
l = Liter
Min. = Minuten
Std. = Stunden
evtl. = eventuell
geh. = gehäuft
gestr. = gestrichen
TK = Tiefkühlprodukt
°C = Grad Celsius
Ø = Durchmesser
E = Eiweiß
F = Fett
Kh = Kohlenhydrate
kcal = Kilokalorien
kJ = Kilojoule

Hinweise zu den Rezepten

Lesen Sie vor der Zubereitung das Rezept einmal vollständig durch. Oft werden Arbeitsabläufe oder -zusammenhänge dann klarer. Die in den Rezepten angegebenen Backtemperaturen und -zeiten sind Richtwerte, die je nach individueller Hitzeleistung des Backofens bzw. Material der verwendeten Formen über- oder unterschritten werden können. Beachten Sie bei Gasherden die Gebrauchsanweisung des Herstellers.

Zubereitungszeiten

Die Zubereitungszeit ist ein Anhaltswert für die Zeit für Vorbereitung und die eigentliche Zubereitung. Längere Wartezeiten wie z. B. Kühl- und Marinierzeiten, sowie die Backzeit sind nicht einbezogen.

Kürbissuppe mit Büsumer Krabben

ETWAS TEURER • 4 PORTIONEN

1 Zum Vorbereiten Kürbis schälen, halbieren. Die Kerne mit einem Löffel herauskratzen. Das Kürbisfleisch (600 g) in dünne Scheiben schneiden. Schalotten abziehen und in Ringe schneiden.

2 Porreestange putzen, längs halbieren, gründlich waschen und in Streifen schneiden.

3 Möhre putzen, schälen, waschen und in dünne Scheiben schneiden.

4 Für die Suppe Kürbiskernöl in einem großen Topf erhitzen. Das vorbereitete Gemüse darin glasig dünsten. Anschließend mit dem Essig ablöschen und mit Brühe auffüllen. Knoblauch, Chili, Lorbeerblatt, Zitronensaft und Curry hinzufügen. Die Suppe 15–20 Minuten bei schwacher Hitze köcheln lassen, bis das Gemüse gar ist.

5 Die Suppe im Mixer fein pürieren und anschließend durch ein feines Sieb geben.

6 Sahne zur Suppe geben und kurz aufkochen lassen.

7 Vor dem Servieren Dill und Krabben hinzufügen. Die Suppe nicht mehr kochen lassen, da sonst die Krabben hart werden. Mit Salz und Pfeffer abschmecken.

DIE ZUTATEN

Zum Vorbereiten:

1200 g	Kürbis, am besten orangefarbenen, italienischen Gemüsekürbis
2	Schalotten
1	dünne Stange Porree (Lauch)
1	kleine Möhre

Für die Suppe:

2 EL	Kürbiskernöl
1 EL	Weißweinessig
750 ml (3/4 l)	Gemüsebrühe
1/2	abgezogene Knoblauchzehe
1/4	geputzte Chilischote
1	Lorbeerblatt
	Saft von 1/2 Zitrone
1 Msp.	scharfes Currypulver
250 g	Schlagsahne
2 EL	fein geschnittener Dill
150 g	gepulte Büsumer Krabben
	Salz
	frisch gemahlener Pfeffer

Tipp: Wenn Sie die Suppe für eine größere Personenzahl kochen, lohnt es sich, einen kleinen ganzen Kürbis zu kaufen und die Suppe im ausgehöhlten Kürbis zu servieren. Dazu von dem Kürbis einen Deckel abschneiden und vorsichtig – damit die Außenwand nicht verletzt wird – das Fruchtfleisch herausschneiden. Es muss aber etwas Fruchtfleisch an der Innenwand des Kürbisses stehen bleiben, damit der Kürbis zum Servieren der Suppe stabil bleibt.

Zubereitungszeit:
60 Minuten

Pro Portion
E: 11 g, F: 25 g, Kh: 22 g,
kJ: 1496, kcal: 356

Kürbis-Linsen-Eintopf aus dem Römertopf

TITELREZEPT • EINFACH • 4 PORTIONEN

1 Zum Vorbereiten Zwiebeln und Knoblauch abziehen und fein würfeln. Kürbis schälen, halbieren. Die Kerne mit einem Löffel herauskratzen. Das Kürbisfleisch in Stücke schneiden. Staudensellerie putzen, waschen, die harten Außenfäden abziehen und die Stangen in Würfel schneiden. Kartoffeln waschen, schälen, abspülen und ebenfalls würfeln.

2 Die vorbereiteten Zutaten mit den Linsen in dem gewässerten Römertopf mischen. Mit Salz und Pfeffer würzen. Gemüsebrühe und 2 Esslöffel Kürbiskernöl hinzufügen und unterrühren. Den Römertopf mit dem Deckel verschließen und auf dem Rost in den Backofen schieben.

Ober-/Unterhitze: etwa 200 °C (nicht vorgeheizt)
Heißluft: etwa 180 °C (nicht vorgeheizt)
Gas: Stufe 3–4 (nicht vorgeheizt)
Garzeit: etwa 90 Minuten.

3 Würstchen in Scheiben schneiden. Zitronenthymian kalt abspülen, trockentupfen. Die Blättchen von den Stängeln zupfen.

4 Nach etwa 75 Minuten Garzeit Würstchenscheiben und Zitronenthymian in den Eintopf rühren und das Ganze fertig garen. Mit Salz und Pfeffer abschmecken.

Tipp: Wenn Sie keinen Zitronenthymian bekommen, können Sie ersatzweise auch 1 Bund Thymian und 1 Teelöffel abgeriebene, unbehandelte Zitronenschale verwenden.

DIE ZUTATEN

Zum Vorbereiten:

3	Zwiebeln (150 g)
2	Knoblauchzehen
500 g	Kürbis
200 g	Staudensellerie
450 g	Kartoffeln

Für den Eintopf:

100 g	Tellerlinsen
	Salz
	frisch gemahlener Pfeffer
1 l	Gemüsebrühe
4 EL	Kürbiskernöl
200 g	Wiener Würstchen
1 Bund	Zitronenthymian

Zubereitungszeit:
100 Minuten
Pro Portion:
E: 20 g, F: 27 g, Kh: 42 g,
kJ: 2090, kcal: 497

Penne mit Kürbis und Kapern

PREISWERT • 3 PORTIONEN

1. Die Nudeln in kochendem Salzwasser mit Speiseöl nach Packungsanleitung bissfest garen. Nudeln in einem Sieb abtropfen lassen.

2. Die Schalotten abziehen, in Scheiben schneiden. Tomaten waschen, Stängelansätze herausschneiden. Die Tomaten in Stücke schneiden. Kürbisstückchen und Kapern in einem Sieb abtropfen lassen.

3. Olivenöl in einer großen Pfanne erhitzen, zunächst Schalotten, dann Kürbisstücke, Kapern und Tomatenstücke darin andünsten.

4. Minzezweige abspülen, trockenschütteln. Die Blättchen von den Stängeln zupfen. Abgetropfte Nudeln zum Gemüse geben. Mit Salz, Pfeffer, Muskat und Minzeblättchen würzen.

Beilage: Geröstetes, italienisches Weißbrot.

Tipp: Dazu gebratene Scampi und Muscheln servieren.

DIE ZUTATEN

300 g	Penne (Röhrennudeln)
2 l	Wasser
	Salz
1 EL	Speiseöl
2	Schalotten
2	Fleischtomaten (300 g)
100 g	eingelegte Kürbisstückchen
½	Röhrchen Kapern (Abtropfgewicht 25 g)
3 EL	Olivenöl
einige	Minzezweige
	frisch gemahlener Pfeffer
	geriebene Muskatnuss

Zubereitungszeit:
30 Minuten

Pro Portion:
E: 15 g, F: 16 g, Kh: 71 g,
kJ: 2165, kcal: 517

Kürbisrisotto

PREISWERT • 6 PORTIONEN

1. Zum Vorbereiten Kürbis schälen, halbieren. Die Kerne mit einem Löffel herauskratzen. Das Kürbisfleisch in 1 cm große Würfel schneiden.

2. Für das Risotto Olivenöl in einem Topf erhitzen. Kürbiswürfel, Knoblauch und Rosmarin hinzugeben. Mit Salz und Pfeffer würzen. Die Zutaten zugedeckt bei schwacher Hitze gar dünsten lassen.

3. Butter in einem großen Topf zerlassen. Schalottenwürfel hinzufügen und kurz andünsten.

4. Reis waschen, abtropfen lassen, hinzufügen und andünsten, ohne dass der Reis Farbe annimmt. Mit etwas von der Brühe ablöschen und unter ständigem Rühren bei mittlerer Hitze und wenig Brühe garen. Immer wieder etwas von der Brühe zugießen.

5. Nach 15 Minuten die gedünsteten Kürbiswürfel hinzugeben. Die Reis-Kürbis-Masse 18–20 Minuten weitergaren.

6. Den Topf von der Kochstelle nehmen. Butter und Parmesan unterrühren. Mit Salz und Pfeffer nachwürzen.

7. Risotto in tiefen Tellern servieren.

DIE ZUTATEN

Zum Vorbereiten:

1 kg	Kürbis, am besten orangefarbener italienischer Gemüsekürbis

Für das Risotto:

4 EL	Olivenöl
1	abgezogene Knoblauchzehe
2	Rosmarinzweige
	Salz
	frisch gemahlener Pfeffer
100 g	Butter
100 g	Schalottenwürfel
400 g	Risottoreis, am besten Vialone-Reis
750 ml (3/4 l)	Geflügelbrühe
50 g	Butter
30 g	geriebener Parmesan

Zubereitungszeit:
45 Minuten

Pro Portion:
E: 22 g, F: 25 g, Kh: 55 g,
kJ: 2244, kcal: 535

Kürbis-Kräuter-Püree

RAFFINIERT • 8 PORTIONEN

1. Kürbisfleisch in etwa 2 cm große Würfel schneiden. Mit dem Salz mischen und etwa 20 Minuten ruhen lassen.

2. Kartoffeln schälen, waschen, abspülen und in etwa 2 cm große Würfel schneiden.

3. Kartoffeln und Kürbis mit der Flüssigkeit bei mittlerer Hitze im zugedeckten Topf etwa 20 Minuten dünsten, evtl. etwas Wasser hinzufügen. Das Gemüse mit einem Kartoffelstampfer zerdrücken. Mit Muskat und Pfeffer abschmecken und abkühlen lassen.

4. Sahne steif schlagen und unter das Püree heben. Kräuter waschen und trockenschütteln. Minze und Petersilie hacken. Schnittlauch in Röllchen schneiden. Kräuter unter das Püree heben.

Beigabe: geräuchertes Forellenfilet.

DIE ZUTATEN

1 kg	Kürbisfleisch (geputzt, ohne den faserigen Innenteil)
4 TL	Salz
1,6 kg	mehlig kochende Kartoffeln
	geriebene Muskatnuss
	frisch gemahlener Pfeffer
500 g	Schlagsahne
8	Zweige Minze
8	Zweige glatte Petersilie
2	Bund Schnittlauch

Zubereitungszeit:
50 Minuten, ohne Ruhe- und Abkühlzeit

Pro Portion:
E: 4 g, F: 12 g, Kh: 19 g,
kJ: 840, kcal: 200

Kürbispuffer

FÜR GÄSTE • 2-4 PORTIONEN

DIE ZUTATEN

1 Bund	Koriander
300 g	Kürbisfleisch (geputzt, ohne den faserigen Innenteil)
200 g	Feta-Käse
1-2	Knoblauchzehen
50 g	Maismehl
50 g	Weizenmehl
3	Eier (Größe M)
	Salz
	frisch gemahlener Pfeffer
6 EL	Speiseöl

Zubereitungszeit:
30 Minuten
Pro Portion (bei 4 Portionen):
E: 18 g, F: 31 g, Kh: 22 g,
kJ: 1918, kcal: 458

1. Koriander kalt abspülen und trockentupfen. Die Blättchen von den Stängeln zupfen und klein schneiden (einige zum Garnieren zurücklassen).

2. Das Kürbisfleisch grob raspeln.

3. Die Hälfte des Fetas in einer Schüssel mit Hilfe einer Gabel zerdrücken. Knoblauch abziehen, durch die Presse drücken und hinzufügen. Mais- und Weizenmehl, Eier, Kürbisfruchtfleisch und Koriander dazugeben. Die Zutaten zu einem Teig verrühren. Mit Salz und Pfeffer würzen.

4. Speiseöl portionsweise in einer Pfanne erhitzen. 12 kleine Puffer aus dem Teig portionsweise braten. Die gebratenen Puffer warm stellen.

5. Den restlichen Feta zerkrümeln und über die Puffer streuen. Mit den zurückgelassenen Korianderblättern garnieren.

Tipp: Die Puffer als Vorspeise oder kleines Gericht servieren. Zum Sattessen die Zutaten verdoppeln und einen Blattsalat dazu reichen.
Frischer Koriander ist sehr geschmacksintensiv, deshalb zuerst einen Probepuffer backen und die Koriandermenge dann evtl. erhöhen.
Anstelle von Koriander können Sie auch Petersilie oder Dill verwenden. Die Puffer nach Belieben mit Joghurt servieren.

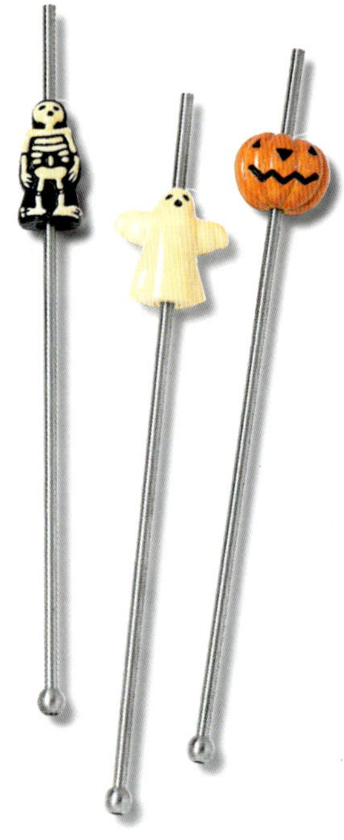

Geschmorter Kürbis mit Auberginen

VEGETARISCH • 3 PORTIONEN

1 Zum Vorbereiten Auberginen putzen, waschen und in dreieckige Stücke schneiden.
Kürbis schälen, halbieren. Die Kerne mit einem Löffel herauskratzen. Das Kürbisfleisch in Würfel schneiden. Knoblauch abziehen und fein hacken.

2 Erdnussöl in einen heißen Wok geben und Knoblauch darin anbraten. Auberginenstücke etwa 2 Minuten mitbraten. Kürbiswürfel dazugeben. Nach etwa 1 Minute Gemüsebrühe zugießen, aufkochen lassen und im geschlossenen Wok bei mittlerer Hitze etwa 15 Minuten garen lassen.

3 Mit Zucker, Pfeffer und Salz abschmecken und etwa 3 Minuten im offenen Topf weiter kochen, dabei evtl. die Hitze erhöhen, um die Flüssigkeit einzukochen. Zum Servieren mit Sesamöl beträufeln.

Beigabe: Reis.

Abwandlung: Anstelle von Kürbis kann auch die gleiche Menge Zucchini verwendet werden.

DIE ZUTATEN

Zum Vorbereiten:

200 g	Auberginen
500 g	Kürbis
3	Knoblauchzehen
6 EL	Erdnussöl
500 ml (½ l)	Gemüsebrühe
2 ½ EL	Zucker
	frisch gemahlener Pfeffer
1 ½ TL	Salz

Zum Beträufeln:

3 EL	Sesamöl

Zubereitungszeit:
45 Minuten
Pro Portion:
E: 3 g, F: 21 g, Kh: 20 g,
kJ: 1233, kcal: 294

Tipp: **Auberginen erfreuen sich bei uns zunehmender Beliebtheit. Sie sind aber wegen ihres Gehaltes an Solanin und Bitterstoffen nicht für den Rohgenuss geeignet. Erst gekocht, gebraten oder gedünstet sind sie genießbar. Unreife Früchte können bei Zimmertemperatur nachreifen. Auberginen aber nicht zusammen mit Tomaten, Äpfeln oder anderem reifenden Obst oder Gemüse lagern, da diese das Reifungsgas Äthylen ausscheiden.**

Gefüllter Kürbis

GUT VORZUBEREITEN • FÜR GÄSTE • 6 PORTIONEN

Die Zutaten

1	mittelgroßer Kürbis (etwa 3 kg)
40 g	Pinienkerne
2	Zwiebeln (70 g)
1–2	Knoblauchzehen
700 g	Lammhack (ersatzweise gemischtes Hackfleisch)
3 EL	Speiseöl
300 ml	Wasser
	Salz
100 g	Jasmin-Reis
50 g	Rosinen
	frisch gemahlener Pfeffer
	gemahlener Kreuzkümmel
	gemahlener Koriander
	Rosenpaprika

1. Den Kürbis waschen und abtrocknen. Vom Kürbis einen Deckel abschneiden. Kürbis aushöhlen, dabei einen 2 cm breiten Rand stehen lassen. Den faserigen Innenteil und die Kerne entfernen.

2. 700 g Kürbisfleisch in etwa 1 cm große Würfel schneiden.

3. Pinienkerne in einer Pfanne ohne Fett goldbraun rösten. Zwiebeln und Knoblauch abziehen. Zwiebeln würfeln. Knoblauch durch die Presse drücken.

4. Lammhack oder gemischtes Hackfleisch in einer Pfanne in erhitztem Speiseöl krümelig braten. Zwiebelwürfel, Knoblauch und Kürbiswürfel hinzufügen und etwa 10 Minuten bei mittlerer Hitze braten.

5. Wasser mit Salz in einem Topf zum Kochen bringen. Reis und Rosinen hinzufügen und zugedeckt etwa 12 Minuten bei mittlerer Hitze kochen, bis die Flüssigkeit aufgesogen ist.

6. Rosinen-Reis, Pinienkerne und Fleischmasse mischen. Mit Salz, Pfeffer, Kümmel, Koriander und Paprika abschmecken. Die Masse in den ausgehöhlten Kürbis füllen. Den Kürbisdeckel darauf legen.

7. Den Kürbis auf ein Backblech (mit Backpapier belegt) setzen. Das Backblech in den Backofen schieben.

   Ober-/Unterhitze: etwa 180 °C (vorgeheizt, unterste Einschubleiste)
   Heißluft: etwa 160 °C (vorgeheizt, unterste Einschubleiste)
   Gas: Stufe 2–3 (vorgeheizt, unterste Einschubleiste)
   Backzeit: etwa 45 Minuten.

8. Den Kürbis vom Backblech nehmen, auf einen großen Teller legen und sofort servieren.

Tipp: **Den Kürbis mit Dill-Joghurt servieren. Eine Kürbissuppe aus dem übrig gebliebenen Kürbisfleisch zubereiten.**

Zubereitungszeit:
95 Minuten
Pro Portion:
E: 25 g, F: 38 g, Kh: 30 g,
kJ: 2527, kcal: 603

Kürbisgemüse in Kokossauce

RAFFINIERT • 6 PORTIONEN

1 Kürbis schälen, halbieren. Die Kerne mit einem Löffel herauskratzen. Das Kürbisfleisch in Würfel schneiden. Zwiebeln abziehen und würfeln.

2 Porree putzen, längs halbieren, gründlich waschen und in Streifen schneiden.

3 Chilischoten längs aufschneiden, Kerne entfernen. Schoten fein würfeln.

4 Speiseöl in einem Topf erhitzen. Zwiebel- und Chiliwürfel darin andünsten. Kürbiswürfel hinzufügen, unterrühren und kurz mitdünsten. Die Kürbismasse mit Gemüsebrühe auffüllen. Essig-Essenz, Koriander, Salz und Pfeffer hinzufügen. Die Masse zugedeckt etwa 10 Minuten schmoren lassen.

5 Porreestreifen hinzufügen und weitere 8 Minuten schmoren lassen. Sahne und Kokosmilch hinzugeben und die Masse ohne Deckel aufkochen lassen. Das Gemüse kräftig abschmecken.

6 Koriander abspülen, trockentupfen, fein hacken und über das Gemüse geben.

Beigabe: Reis.

DIE ZUTATEN

2 kg	Kürbis (1 kg Fruchtfleisch)
100 g	Zwiebeln
400 g	Porree (Lauch)
2	kleine Chilischoten
3 EL	Speiseöl
500 ml (½ l)	Gemüsebrühe
3 TL	Essig-Essenz
2 TL	gemahlener Koriander
	Salz
	frisch gemahlener Pfeffer
100 g	Schlagsahne
2	Dosen Kokosmilch (je 400 ml)
2	Bund Koriander

Zubereitungszeit:
50 Minuten
Pro Portion:
E: 3 g, F: 8 g, Kh: 16 g,
kJ: 617, kcal: 147

Wrapped Pancakes (Pfannkuchen)

GUT VORZUBEREITEN • 10 STÜCK

1 Für die Pancakes Mehl mit Salz, Eiern und Wasser verrühren. Den Teig zugedeckt etwa 30 Minuten ruhen lassen.

2 Für die Füllung von dem Salat die äußeren Blätter entfernen. Den Salatkopf halbieren, die Blätter waschen und trockenschleudern. Große Blätter klein schneiden. Tomaten waschen, die Stängelansätze herausschneiden, halbieren und entkernen. Tomaten in dünne Streifen schneiden. Paprikaschote halbieren, entstielen, entkernen. Die weißen Scheidewände entfernen. Paprikaschote waschen und längs in dünne Streifen schneiden. Gurke waschen, evtl. schälen und grob raspeln.

3 Zum Backen Speiseöl portionsweise in einer Pfanne erhitzen. Aus dem Teig nacheinander etwa 10 Pancakes backen. Pancakes erkalten lassen, mit Kräuterbutter bestreichen und mit Salatblättern belegen. Putenbrust in Streifen schneiden und auf dem Salat verteilen. Gurkenraspel, Tomaten- und Paprikastreifen darauf legen. Mit Salz und Pfeffer würzen.

4 Je einen Pancake auf je einen Bogen Pergamentpapier legen und von der langen Seite her aufrollen. Die Enden fest zusammendrehen. Eingerollte Pancakes bis zum Servieren kalt stellen. Mit dem Papier schräg durchschneiden.

Tipp: Dieses Rezept passt gut zu einem Halloween-Abend. Sie können die Pancakes gut vorbereiten und den kleinen Überraschungsgästen in die Hand drücken.

DIE ZUTATEN

Für die Pancakes:
400 g Weizenmehl
Salz
6 Eier (Größe M)
400 ml kaltes Wasser

Für die Füllung:
1 kleiner Kopf Eisbergsalat
4 Tomaten
1 gelbe Paprikaschote
1 kleine Salatgurke (500 g)

Zum Backen:
4 EL Speiseöl

Zum Bestreichen:
125 g Kräuterbutter

Für den Belag:
300 g geräucherte Putenbrust
Salz
frisch gemahlener, weißer Pfeffer

Ausserdem:
10 Bögen Pergamentpapier (Butterbrotpapier)

Zubereitungszeit:
60 Minuten, ohne Ruhe- und Kühlzeit
Pro Stück:
E: 17 g, F: 18 g, Kh: 33 g, kJ: 1577, kcal: 377

Spaghetti-Fritters mit gebackener Rote Bete

RAFFINIERT • FÜR GÄSTE • 4 PORTIONEN

1. Rote Bete waschen, mit einer Gemüsebürste gründlich abbürsten. Blattansatz dünn abschneiden. Wurzelansatz nur so weit abschneiden, dass die Rote Bete auf der Schnittfläche stehen bleibt.

2. Jeweils 1 Rote Bete auf ein Stück Alufolie setzen. Je eine dünne Scheibe von der Röstzwiebel-Butter auf je eine Rote Bete legen. Alufolie fest verschließen. Die Rote Bete-Päckchen auf ein Backblech setzen. Das Backblech in den Backofen schieben.

Ober-/Unterhitze: etwa 180 °C (vorgeheizt)
Heißluft: etwa 160 °C (nicht vorgeheizt)
Gas: Stufe 2–3 (nicht vorgeheizt)
Backzeit: etwa 60 Minuten.

3. In der Zwischenzeit Spaghetti einmal durchbrechen. Spaghetti in kochendem Salzwasser nach Packungsanleitung bissfest kochen. Spaghetti in einem Sieb gut abtropfen lassen.

4. Die heißen Spaghetti mit 40 g Röstzwiebel-Butter mischen. Spaghetti etwas abkühlen lassen. Eier verquirlen und unterrühren. Mit Pfeffer abschmecken.

5. Speiseöl in einer Pfanne erhitzen. Nacheinander etwa 12 kleine Fritters (Plätzchen) backen.

6. Rote Bete vom Backblech nehmen. Alufolie öffnen. Rote Bete mit einem Messer kreuzweise einschneiden. Restliche Röstzwiebel-Butter in Scheiben schneiden und auf der Roten Bete verteilen. Mit Spaghetti-Fritters servieren.

DIE ZUTATEN

800 g	Rote Bete (etwa gleich groß)
125 g	Röstzwiebel-Butter
300 g	Spaghetti
2 ½ l	Wasser
	Salz
	frisch gemahlener, schwarzer Pfeffer
4	Eier (Größe M)
3 EL	Speiseöl

Zubereitungszeit:
75 Minuten, ohne Abkühlzeit
Pro Portion:
E: 21 g, F: 39 g, Kh: 65 g,
kJ: 3045, kcal: 728

Tipp: Dieses Rezept können Sie den Kindern als Lieblingsspeise der Vampire verkaufen.

Gebratene Kürbisspalten

FÜR GÄSTE • 8 PORTIONEN

1. Kürbisspalten mit Salz bestreuen und 30 Minuten ruhen lassen.

2. Rauke putzen, waschen und trockenschleudern.

3. Kürbisspalten trockentupfen. 4 Esslöffel von dem Speiseöl in einer Pfanne erhitzen. Die Kürbisspalten etwa 4-5 Minuten bei mittlerer Hitze von beiden Seiten darin braten.

4. Restliches Speiseöl in einer Pfanne erhitzen. Rauke portionsweise (spritzt) darin knusprig braten. Rauke mit der Schaumkelle herausnehmen und auf Küchenpapier abtropfen lassen.

5. Rauke auf Tellern anrichten. Kürbisspalten darauf legen. Rauke und Kürbisspalten mit dem Essig beträufeln und mit Meerrettich bestreuen.

6. Schinkenscheiben auf den Kürbisspalten verteilen und mit Pfeffer bestreuen. Sofort servieren.

DIE ZUTATEN

16	Kürbisspalten mit Schale (geputzt, je 150 g, ohne faserigen Innenteil)
4	gestr. TL Salz
4	Bund Rauke (Rucola, je 100 g)
20 EL	Speiseöl
8 TL	Balsamessig
8 TL	frisch geriebener Meerrettich
8-16	sehr dünne Scheiben Katenschinken
	frisch gemahlener Pfeffer

Zubereitungszeit:
50 Minuten, ohne Ruhezeit
Pro Portion:
E: 7 g, F: 32 g, Kh: 10 g,
kJ: 1566, kcal: 373

Kartoffel-Kürbis-Salat

GUT VORZUBEREITEN • 12 PORTIONEN

1 Für den Salat Zwiebeln abziehen, halbieren und in Streifen schneiden. Kartoffeln waschen, schälen, abspülen und in Scheiben schneiden.

2 Brühe in einem Topf zum Kochen bringen. Zwiebelstreifen und Kartoffelscheiben hineingeben und zugedeckt bei schwacher Hitze 10–15 Minuten garen. Die unaufgetauten Erbsen hinzufügen. Die Brühe etwas abkühlen lassen.

3 Kürbis in einem Sieb abtropfen lassen, den Saft dabei auffangen und 6 Esslöffel davon abnehmen. Die Kürbisstücke, falls nötig, kleiner schneiden.

4 Für die Sauce Dill kalt abspülen, trockentupfen und fein hacken (einige Zweige zum Garnieren zurücklassen). Mayonnaise mit Senf, Dill und dem abgemessenen Kürbissaft mischen, mit Salz und Pfeffer würzen. Die Sauce mit den Kürbisstücken zu der Kartoffel-Erbsen-Masse geben und vermischen. Den Salat etwa 30 Minuten durchziehen lassen.

5 Speck in Würfel schneiden, in einer Pfanne knusprig braten und auf Küchenpapier abtropfen lassen. Den Salat mit Salz, Pfeffer und evtl. Kürbissaft abschmecken, mit den Speckwürfeln bestreuen und mit zurückgelassenen Dillzweigen garnieren.

Tipp: **Sie können den Salat bereits einige Stunden vor dem Verzehr zubereiten (ohne Speckwürfel und Dillgarnitur) und in einer geschlossenen Schüssel kalt stellen. Den Salat dann vor dem Verzehr nochmals gut umrühren und mit Speckwürfeln bestreuen. Mit Dill garnieren.**

DIE ZUTATEN

Für den Salat:

4 Zwiebeln
2 kg fest kochende Kartoffeln
400 ml Gemüsebrühe
450 g TK-Erbsen
2 Gläser eingelegter Kürbis (Abtropfgewicht je 200 g)

Für die Salatsauce:

1 Bund Dill
250 g Salatmayonnaise (50 % Fett)
80 g körniger Senf
6 EL Kürbissaft
Salz
frisch gemahlener Pfeffer

150 g geräucherter Speck

Zubereitungszeit:
60 Minuten, ohne Durchziehzeit
Pro Portion:
E: 8 g, F: 11 g, Kh: 34 g,
kJ: 1174, kcal: 280

King Prawns in Kürbissauce

FÜR GÄSTE • ETWAS TEURER • 8 PORTIONEN

1 Die Garnelen nach Packungsanleitung auftauen lassen. Den Darm entfernen. Garnelen kurz abspülen und trockentupfen.

2 Für die Kürbissauce Korinthen in Weißwein einweichen. Kürbis in einem Sieb abtropfen lassen, den Saft dabei auffangen und mit Weißwein auf 250 ml (1/4 l) auffüllen. Kürbis in Streifen schneiden.

3 Zwiebeln abziehen und in Würfel schneiden. Butter in einer Pfanne zerlassen. Zwiebelwürfel darin andünsten. Ingwerwurzel schälen und fein würfeln.

4 Ingwerwürfel und die Kürbis-Weißwein-Flüssigkeit zu den angedünsteten Zwiebelwürfeln geben und etwas einkochen lassen. Kürbisstreifen und die eingeweichten Korinthen hinzufügen. Die Sauce mit Salz, Pfeffer, Ingwer und Zitronensaft abschmecken.

5 Sahne steif schlagen und vorsichtig unter die Sauce heben (Sauce nicht mehr erhitzen).

6 Butter in einer Pfanne erhitzen. Die Garnelen darin anbraten. Mit Salz und Pfeffer bestreuen. Garnelen auf der Kürbissauce anrichten und mit Kokosraspeln bestreuen.

DIE ZUTATEN

2 Pck. (je 250 g) TK-King Prawns (Riesengarnelen in der Schale)

Für die Kürbissauce:

80 g Korinthen
8 EL Weißwein
2 Gläser Kürbis (Abtropfgewicht je 340 g)
250 ml (1/4 l) Flüssigkeit (Weißwein und Kürbissaft)
2 Zwiebeln
60 g Butter
100 g Ingwerwurzel
Salz
frisch gemahlener Pfeffer
gemahlener Ingwer
Zitronensaft
200 g Schlagsahne
80 g Butter

Zum Bestreuen:

2 EL geröstete Kokosraspel

Zubereitungszeit:
40 Minuten, ohne Auftauzeit
Pro Portion:
E: 14 g, F: 26 g, Kh: 12 g,
kJ: 1580, kcal: 378

Kürbisgratin

FÜR GÄSTE • 4 PORTIONEN

DIE ZUTATEN

Für das Gratin:

- 50 g Semmelbrösel
- 50 g abgezogene, gemahlene Mandeln
- 4 EL brauner Zucker
- 700 g Kürbisfleisch, geputzt, ohne faserigen Innenteil

Zum Bestreichen:

- 50 g Butter

Zum Bestreuen:

- 3 EL brauner Zucker

Zum Bestäuben:

- 2 EL Puderzucker

Zum Bestreuen:

- 1 EL gehackte Pistazienkerne

1. Für das Gratin Semmelbrösel und Mandeln in einer Pfanne ohne Fett goldbraun rösten. Zucker unterrühren. Masse abkühlen lassen.

2. Kürbisfleisch in lange, dünne Scheiben schneiden.

3. Die Semmelbrösel-Mandel-Masse in eine Tarteform (Ø 28 cm, gut gefettet) geben. Die Kürbisscheiben rosettenförmig darauf verteilen.

4. Butter zerlassen und die Kürbisscheiben damit bestreichen. Zucker darüber streuen. Die Form auf dem Rost in den Backofen schieben.

   Ober-/Unterhitze: etwa 200 °C (nicht vorgeheizt)
   Heißluft: etwa 180 °C (nicht vorgeheizt)
   Gas: Stufe 3–4 (nicht vorgeheizt)
   Backzeit: etwa 35 Minuten.

5. Die Form auf einen Kuchenrost stellen. Das Gratin heiß mit Puderzucker bestäuben und mit Pistazienkernen bestreuen.

Tipp: **Gratin mit Vanillesauce servieren. Die Zutaten verdoppeln und das Gratin in 2 Formen zubereiten.**

Zubereitungszeit:
60 Minuten, ohne Abkühlzeit
Pro Portion:
E: 6 g, F: 18 g, Kh: 43 g,
kJ: 1586, kcal: 378

Kürbis-Fisch-Gratin

FÜR GÄSTE • 4 PORTIONEN

1. Für das Gratin Kürbisfleisch in dünne, große Scheiben schneiden. Kartoffeln waschen, schälen, abspülen und in dünne Scheiben schneiden. Dill waschen, trockenschütteln und fein hacken.

2. Sahne und Eier verquirlen. Mit Salz, Pfeffer und der Hälfte des Dills würzen.

3. Kürbis- und Kartoffelscheiben in eine gefettete Gratin-Form (Ø 28 cm) schichten. Die Eiersahne über die Kürbis- und Kartoffelscheiben gießen. Die Form auf dem Rost in den Backofen schieben.

Ober-/Unterhitze: etwa 180 °C (vorgeheizt)
Heißluft: etwa 160 °C (nicht vorgeheizt)
Gas: Stufe 2–3 (nicht vorgeheizt)
Backzeit: etwa 50 Minuten.

4. Die Form auf einen Kuchenrost stellen.

5. Fischfilet abspülen, trockentupfen, in je 4 gleich große Streifen schneiden und mit je 1 Teelöffel Senf bestreichen. Mit Salz und Pfeffer würzen.

6. Fischfiletstreifen auf das Gratin legen. Crème fraîche darauf verteilen. Die Form wieder auf dem Rost in den Backofen schieben.

Ober-/Unterhitze: etwa 200 °C (vorgeheizt)
Heißluft: etwa 180 °C (vorgeheizt)
Gas: Stufe 3–4 (vorgeheizt)
Backzeit: etwa 10 Minuten.

7. Das Gratin mit dem restlichen Dill bestreuen und servieren.

DIE ZUTATEN

Für das Gratin:

600 g	Kürbisfleisch (geputzt, ohne faserigen Innenteil)
500 g	Kartoffeln
1	Bund Dill
250 g	Schlagsahne
2	Eier (Größe M)
	Salz
	frisch gemahlener Pfeffer
400 g	Lachsfilet (ersatzweise Rotbarschfilet)
4 TL	körniger Senf
75 g	Crème fraîche

Zubereitungszeit:
90 Minuten
Pro Portion:
E: 29 g, F: 30 g, Kh: 28 g,
kJ: 2684, kcal: 641

Tipp: Dazu einen frischen Blattsalat servieren.

Kürbis-Meerrettich-Ragout mit Kasseler

RAFFINIERT • 4 PORTIONEN

1 Kasseler unter fließendem kalten Wasser abspülen, trockentupfen und in etwa 3 cm große Würfel schneiden. Zwiebeln abziehen und in Spalten schneiden. Kürbisfleisch in etwa 2 cm große Würfel schneiden. Möhren putzen, schälen, waschen und in 2 cm große Stücke schneiden.

2 Speiseöl in einem Topf erhitzen. Kasselerwürfel darin andünsten. Zwiebeln und Möhren dazugeben und kurz anbraten. Mit Sahne und Brühe ablöschen und zugedeckt etwa 5 Minuten schmoren lassen. Kürbiswürfel hinzugeben. Die Kasseler-Gemüse-Masse etwa 15 Minuten garen.

3 In der Zwischenzeit Schnittlauch kalt abspülen, trockentupfen und in Röllchen schneiden.

4 Meerrettich und Saucenbinder zum Ragout geben und unterrühren. Ragout nochmals aufkochen lassen. Mit Pfeffer abschmecken.

5 Ragout mit Schnittlauchröllchen bestreut servieren.

Beigabe: Kartoffelpüree oder Bratkartoffeln.

Tipp: Wenn Sie das Gericht nicht als Ragout zubereiten möchten, Kasseler in Scheiben schneiden und in einer Pfanne in erhitztem Fett von jeder Seite etwa 5 Minuten braten. Gemüse getrennt zubereiten.

DIE ZUTATEN

600 g	Kasseler Nackenfleisch (ohne Knochen)
200 g	Zwiebeln
400 g	Kürbisfleisch (geputzt, ohne den faserigen Innenteil)
400 g	Möhren
2 EL	Speiseöl
100 g	Schlagsahne
125 ml (1/8 l)	klare Brühe
1 Bund	Schnittlauch
2 EL	Sahnemeerrettich
3–4 EL	heller Saucenbinder
	frisch gemahlener Pfeffer

Zubereitungszeit:
60 Minuten

Pro Portion:
E: 40 g, F: 40 g, Kh: 24 g,
kJ: 2712, kcal: 647

Kürbisschaum-creme

FÜR GÄSTE • 8 PORTIONEN

1. Für die Schaumcreme Kürbisfleisch in etwa 1 cm große Würfel schneiden. Limetten heiß waschen, trockenreiben, die Schale dünn abreiben. Limetten auspressen.

2. Kürbiswürfel, Zucker, Limettenschale und -saft in einen Topf geben und zugedeckt etwa 12 Minuten dünsten lassen.

3. Agar-Agar mit Wasser verrühren. Kürbismasse pürieren. Angerührtes Agar-Agar unterrühren. Das Kürbispüree nochmals etwa 2 Minuten köcheln lassen.

4. Eiweiß steif schlagen. Zucker einrieseln lassen. Nach und nach unter ständigem Rühren das heiße Kürbispüree hinzugeben. Die Kürbismasse erkalten lassen, dabei gelegentlich vorsichtig umrühren.

5. Sahne mit Sahnesteif und Zucker steif schlagen und unter die Kürbismasse heben. Die Kürbisschaumcreme portionsweise in Gläser füllen und kalt stellen. Nach Belieben mit Johannisbeeren garnieren.

Tipp: Die Creme anstelle von Agar-Agar mit Gelatine zubereiten: Dafür 5 Blatt Gelatine in kaltem Wasser nach Packungsanleitung einweichen. Gelatine ausdrücken und tropfnass im heißen Kürbispüree unter Rühren auflösen. Das Püree wie beschrieben weiter verarbeiten.

DIE ZUTATEN

Für die Schaumcreme:

500 g	Kürbisfleisch, geputzt, ohne faserigen Innenteil
4	Limetten (unbehandelt)
100 g	Zucker
4	gestr. TL Agar-Agar (Apotheke)
4 EL	kaltes Wasser
4	Eiweiß (Größe M)
50 g	Zucker
500 g	Schlagsahne
2 Pck.	Sahnesteif
50 g	Zucker

Zum Garnieren:

Johannisbeeren

Zubereitungszeit:
50 Minuten, ohne Kühlzeit

Pro Portion:
E: 5 g, F: 20 g, Kh: 31 g, kJ: 1389, kcal: 332

Kürbis-Kokos-Milch

EINFACH • FÜR KINDER • 8 PORTIONEN

1. Kürbisfleisch in etwa 1 cm große Würfel schneiden. Kürbiswürfel in einem Topf mit Milch, Zucker und Kokosraspeln zum Kochen bringen. Zugedeckt etwa 12 Minuten köcheln lassen.

2. Zum Bestreuen Kokosraspel in einer Pfanne ohne Fett goldbraun rösten. Abkühlen lassen.

3. Kürbis-Kokos-Milch mit dem Schneidstab pürieren und durch ein Sieb geben. Milch heiß oder kalt dazugeben.

4. Kürbis-Kokos-Milch vor dem Servieren mit gerösteten Kokosraspeln bestreuen.

Tipp: Die Kürbismilch mit aufgeschäumter Milch auffüllen. Dafür die Milch bis kurz vorm Kochen erhitzen, mit einem Schneebesen kräftig aufschlagen. Anschließend mit etwas Kokoslikör zur Kürbismilch geben und mit Kokosraspeln bestreuen.

Dekotipp: Sie können aus Grapefruits oder großen Orangen Tischleuchten basteln. Schneiden Sie von den Früchten einen „Deckel" ab. Zeichnen Sie ein Gesicht mit Augen, Nase und Mund (mit einzelnen Zähnen) auf die Früchte. Höhlen Sie die Früchte mit einem Löffel aus (am besten mit einem Grapefruitlöffel mit Sägerand). Schneiden Sie die Löcher für Mund, Nase und Augen mit einem scharfen Messer oder Cutter aus. Plazieren Sie die Leuchtfrüchte auf Untertassen und stellen Sie Teelichter hinein.

DIE ZUTATEN

600 g	Kürbisfleisch, geputzt, ohne faserigen Innenteil
1 l	Milch
200 g	Zucker
200 g	Kokosraspel
1 l	Milch

Zum Bestreuen:

60 g	Kokosraspel

Zubereitungszeit:
40 Minuten, ohne Abkühlzeit

Pro Portion:
E: 11 g, F: 29 g, Kh: 41 g,
kJ: 1997, kcal: 476

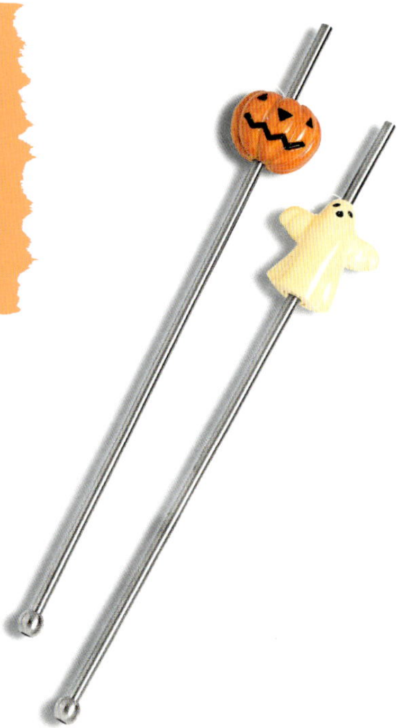

Kürbiskugeln

FÜR GÄSTE • RAFFINIERT • 6 PORTIONEN

1 Kürbis schälen, halbieren und in Spalten schneiden. Die Kerne mit einem Löffel herauskratzen. Die Kürbisspalten grob raspeln, 250 g abwiegen.

2 Wasser, Salz, Zucker, Butter oder Margarine und Kürbisraspel in einem Topf zum Kochen bringen. Zugedeckt bei mittlerer Hitze etwa 10 Minuten kochen lassen.

3 Pistazienkerne, Puderzucker und Zucker mischen und beiseite stellen.

4 Mehl auf einmal in den Kürbisbrei schütten. Die Masse mit einem Kochlöffel zu einem glänzenden Teigkloß verrühren (etwa 1 Minute). Den heißen Kloß in eine Rührschüssel geben. Die Eier mit Handrührgerät mit Knethaken nach und nach unterkneten. Den Teig erkalten lassen.

5 Backpulver und Orangenfrucht unter den Teig kneten. Speiseöl auf etwa 170 °C erhitzen. Mit zwei kalt abgespülten Esslöffeln Kugeln abstechen.

6 Die Teigkugeln in siedendem Öl goldgelb backen, mit einem Schaumlöffel herausnehmen und kurz auf Küchenpapier abtropfen lassen. Kürbiskugeln noch warm in der Pistazien-Zucker-Mischung wälzen.

7 Kürbiskugeln mit geschlagener Sahne servieren.

Tipp: Die Kürbiskugeln können auch mit Pudding oder Konfitüre gefüllt werden.

DIE ZUTATEN

500 g	Kürbis
170 ml	Wasser
½	gestr. TL Salz
1 EL	Zucker
50 g	Butter oder Margarine
50 g	gemahlene Pistazienkerne
2 EL	gesiebter Puderzucker
1–2 EL	Zucker
200 g	Weizenmehl (Type 550)
5	Eier (Größe M)
1	gestr. TL Dr. Oetker Backin
1 TL	Dr. Oetker Finesse Orangenfrucht

Zum Ausbacken:

1 l	Speiseöl
250 g	Schlagsahne

Zubereitungszeit:
1 Stunde, ohne Kühlzeit

Pro Portion:
E: 14 g, F: 80 g, Kh: 36 g, kJ: 3993, kcal: 954

Kürbis-Käsekuchen vom Blech

KLASSISCH

1 Für den Teig Mehl in eine Rührschüssel sieben. Salz, Ei, Butter oder Margarine und Wasser hinzufügen. Die Zutaten mit Handrührgerät mit Knethaken zunächst kurz auf niedrigster, dann auf höchster Stufe gut durcharbeiten. Anschließend auf einer bemehlten Arbeitsfläche zu einem glatten Teig verkneten. Kürbiskerne unterarbeiten. Sollte er kleben, ihn in Folie gewickelt eine Zeit lang kalt stellen.

2 Den Teig auf einem Backblech (30 x 40 cm, gefettet) ausrollen. Das Backblech in den Backofen schieben und den Boden vorbacken.

Ober-/Unterhitze: etwa 180 °C (vorgeheizt)
Heißluft: etwa 160 °C (vorgeheizt)
Gas: Stufe 2–3 (vorgeheizt)
Backzeit: etwa 10 Minuten.

3 Das Backblech auf einen Kuchenrost stellen. Boden etwas abkühlen lassen.

4 Für den Belag Kürbis schälen, halbieren. Die Kerne mit einem Löffel herauskratzen. Das Kürbisfleisch in Spalten schneiden, grob reiben. Käse entrinden und reiben.

5 Eier, Milch und Schmand geschmeidig rühren. Mit Salz, Pfeffer, Koriander, Zimt und Kurkuma würzen. Kürbis- und Käseraspel unterrühren. Die Kürbis-Käse-Masse auf dem vorgebackenen Boden verteilen. Das Backblech in den Backofen schieben und den Kuchen bei der oben angegebenen Einstellung fertig backen.

Backzeit: etwa 40 Minuten.

6 Das Backblech auf einen Kuchenrost stellen. Den Kuchen abkühlen lassen, in Stücke schneiden. Warm oder kalt servieren.

DIE ZUTATEN

Für den Knetteig:

400 g	Weizenmehl
1	gestr. TL Salz
1	Ei (Größe M)
200 g	Butter oder Margarine
2 EL	kaltes Wasser
60 g	gehackte Kürbiskerne

Für den Belag:

1	kleiner Kürbis (etwa 500 g)
150 g	Greyerzer Käse
6	Eier (Größe M)
250 ml (1/4 l)	Milch
400 g	Schmand
	Salz
	frisch gemahlener Pfeffer
	gemahlener Koriander
	gemahlener Zimt
	Kurkuma

Zubereitungszeit:
40 Minuten, ohne Abkühlzeit
Insgesamt:
E: 182 g, F: 383 g, Kh: 339 g, kJ: 24285, kcal: 5800

Kürbistarte

FÜR GÄSTE

1 Für den Teig Mehl mit Backpulver mischen und in eine Rührschüssel sieben. Restliche Zutaten hinzufügen und mit Handrührgerät mit Knethaken zunächst kurz auf niedrigster, dann auf höchster Stufe gut durcharbeiten. Anschließend auf einer bemehlten Arbeitsfläche zu einem glatten Teig verkneten. Sollte er kleben, ihn in Folie gewickelt eine Zeit lang kalt stellen.

2 Zwei Drittel des Teiges zu einer runden Platte ausrollen und in eine Tarteform (Ø 30 cm, gefettet) legen. Den Rand leicht andrücken. Die Form auf dem Rost in den Backofen schieben und den Boden vorbacken.

Ober-/Unterhitze: etwa 200 °C (vorgeheizt)
Heißluft: etwa 180 °C (vorgeheizt)
Gas: Stufe 3–4 (vorgeheizt)
Backzeit: etwa 15 Minuten.

3 Die Form auf einen Kuchenrost stellen. Boden etwas abkühlen lassen. Restlichen Teig zu einer Rolle formen, sie als Rand auf den Boden legen, so an die Form drücken, dass ein etwa 2 cm hoher Rand entsteht.

4 Für den Belag Kürbis- und Papayawürfel mit Pinien- und Kürbiskernen vermischen und auf dem Gebäckboden verteilen.

5 Für den Guss Sahne, Eier, Speisestärke, Salz, Pfeffer und Muskat gut verrühren und über den Belag gießen. Die Form wieder auf dem Rost in den Backofen schieben und die Tarte bei der oben angegebenen Einstellung fertig backen.

Backzeit: etwa 45 Minuten.

6 Die Form auf einen Kuchenrost stellen, Tarte etwas abkühlen lassen. Lauwarm servieren.

DIE ZUTATEN

Für den Knetteig:

175 g Weizenmehl
1 Msp. Dr. Oetker Backin
½ gestr. TL Salz
¼ gestr. TL gemahlener Pfeffer
150 g Crème fraîche
75 g Butter oder Margarine

Für den Belag:

1 kg Kürbisfleisch, (geputzt, ohne faserigen Innenteil, gewürfelt: 500 g)
1 Papaya (gepuzt, gewürfelt)
50 g Pinienkerne
75 g geschälte Kürbiskerne

Für den Guss:

200 g Schlagsahne
3 Eier (Größe M)
3 gestr. TL Speisestärke
Salz
frisch gemahlener Pfeffer
geriebene Muskatnuss

Zubereitungszeit:
45 Minuten, ohne Abkühlzeit
Insgesamt:
E: 94 g, F: 252 g, Kh: 201 g,
kJ: 15234, kcal: 3636

Kürbis-Frischkäse-Torte

PREISWERT

1. Für den Teig Mehl mit Backpulver mischen und in eine Rührschüssel sieben. Zucker, Vanillin-Zucker, Salz, Ei und Butter oder Margarine hinzufügen. Die Zutaten mit Handrührgerät mit Knethaken zunächst kurz auf niedrigster, dann auf höchster Stufe gut durcharbeiten.

2. Anschließend auf einer bemehlten Arbeitsfläche zu einem glatten Teig verkneten. Sollte er kleben, ihn in Folie gewickelt eine Zeit lang kalt stellen.

3. Zwei Drittel des Teiges auf dem Boden einer Springform (Ø 26 cm, Boden gefettet) ausrollen. Den Springformrand darumstellen. Die Form auf dem Rost in den Backofen schieben und den Boden vorbacken.

Ober-/Unterhitze: etwa 180 °C (vorgeheizt)
Heißluft: etwa 160 °C (vorgeheizt)
Gas: Stufe 2–3 (vorgeheizt)
Backzeit: etwa 10 Minuten.

4. Die Form auf einen Kuchenrost stellen, Boden etwas abkühlen lassen.

5. Restlichen Teig zu einer Rolle formen, sie als Rand auf den vorgebackenen Boden legen und so an die Form drücken, dass ein etwa 2 cm hoher Rand entsteht.

6. Für den Belag Frischkäse, Zucker, Eier, Speisestärke, Kürbis und Erdnusskerne in einer Schüssel verrühren. Die Masse auf dem vorgebackenen Boden verteilen. Die Form wieder auf dem Rost in den Backofen schieben und die Torte bei der oben angegebenen Einstellung fertig backen.

Backzeit: etwa 55 Minuten.

7. Die Form auf einen Kuchenrost stellen. Torte etwas abkühlen lassen, dann aus der Form lösen und auf einem Kuchenrost erkalten lassen.

DIE ZUTATEN

Für den Knetteig:

- 175 g Weizenmehl
- ½ TL Dr. Oetker Backin
- 75 g Zucker
- 1 Pck. Dr. Oetker Vanillin-Zucker
- 1 Prise Salz
- 1 Ei (Größe M)
- 75 g Butter oder Margarine

Für den Belag:

- 200 g Doppelrahm-Frischkäse
- 50 g Zucker
- 2 Eier (Größe M)
- 20 g Speisestärke
- 500 g Kürbisfleisch, (geputzt, ohne faserigen Innenteil)
- 50 g geröstete, gesalzene Erdnusskerne

Zubereitungszeit:
45 Minuten, ohne Abkühlzeit
Insgesamt:
E: 83 g, F: 172 g, Kh: 308 g,
kJ: 13521, kcal: 3228

Italienische Kürbistorte

RAFFINIERT

1 Für den Teig Mehl mit Backpulver mischen, in eine Rührschüssel sieben. Zucker, Salz, Ei und Butter oder Margarine hinzufügen. Die Zutaten mit Handrührgerät mit Knethaken zunächst kurz auf niedrigster, dann auf höchster Stufe gut durcharbeiten.

2 Anschließend auf einer bemehlten Arbeitsfläche zu einem glatten Teig verkneten. Sollte er kleben, ihn in Folie gewickelt eine Zeit lang kalt stellen.

3 Zwei Drittel des Teiges auf dem Boden einer Springform (Ø 26 cm, Boden gefettet) ausrollen. Den Teigboden mehrmals mit einer Gabel einstechen, ohne Springformrand auf dem Rost in den Backofen schieben und den Boden vorbacken.

Ober-/Unterhitze: etwa 200 °C (vorgeheizt)
Heißluft: etwa 180 °C (vorgeheizt)
Gas: Stufe 3–4 (vorgeheizt)
Backzeit: etwa 10 Minuten.

4 Die Form auf einen Kuchenrost stellen. Den Boden etwas abkühlen lassen.

5 Restlichen Teig mit Mehl verkneten und zu einer Rolle formen. Den Springformrand um den Springformboden legen. Die Teigrolle als Rand auf den vorgebackenen Boden legen und so an die Form drücken, dass ein etwa 3 cm hoher Rand ensteht.

6 Für die Füllung Kürbis in einem Sieb abtropfen lassen. Kürbis pürieren.

7 Butter mit Handrührgerät mit Rührbesen auf höchster Stufe geschmeidig rühren, Zucker unterrühren. Eier nach und nach unterrühren. Sahne, Mandeln, Speisestärke, Zitronenschale und -saft, Nelken und Kürbismus zur Butter-Eier-Masse geben und unterrühren.

(Fortsetzung Seite 54)

DIE ZUTATEN

Für den Knetteig:

200 g Weizenmehl
1 TL Dr. Oetker Backin
50 g Zucker
1 Prise Salz
1 Ei (Größe M)
75 g Butter oder Margarine

1 gestr. EL Weizenmehl

Für die Füllung:

400 g eingelegter Kürbis (süß-sauer)
100 g Butter
125 g Zucker
6 Eier (Größe M)
125 g Schlagsahne
100 g abgezogene, gemahlene Mandeln
50 g Speisestärke
1 Pck. Dr. Oetker Finesse Geriebene Zitronenschale
Saft von 1 Zitrone
1 Msp. gemahlene Nelken

Zum Bestreuen:

25 g abgezogene, gehobelte Mandeln

Zubereitungszeit:
45 Minuten, ohne Abkühlzeit
Insgesamt:
E: 109 g, F: 299 g, Kh: 399 g
kJ: 20740, kcal: 4957

8 Die Füllung auf dem vorgebackenen Boden verteilen. Die Form wieder auf dem Rost in den Backofen schieben und die Torte bei der oben angegebenen Backofeneinstellung **in etwa 50 Minuten fertig backen.**

9 Zum Bestreuen die Torte 10 Minuten vor Ende der Backzeit mit Mandeln bestreuen.

10 Die Form auf einen Kuchenrost stellen. Torte etwas abkühlen lassen. Dann aus der Form lösen und auf einem Kuchenrost erkalten lassen.

Kürbis-Muffins

PREISWERT • EINFACH • 12 MUFFINS

DIE ZUTATEN

Für den Knetteig:

150 g	Maismehl
150 g	Weizenmehl
1 Pck.	Dr. Oetker Backin
100 g	Farinzucker (brauner Zucker)
150 g	Naturjoghurt
2 EL	Zitronensaft
4	Eier (Größe M)
100 ml	Kürbiskernöl
1	Prise Salz
200 g	geraspelter, frischer Kürbis

Zubereitungszeit:

30 Minuten, ohne Abkühlzeit

Insgesamt:

E: 68 g, F: 139 g, Kh: 334 g, kJ: 12474, kcal: 2979

1 Für den Teig Maismehl, Weizenmehl und Backpulver in einer Rührschüssel mischen. Farinzucker, Joghurt, Zitronensaft, Eier, Kürbiskernöl und Salz hinzufügen. Die Zutaten mit Handrührgerät mit Knethaken zunächst kurz auf niedrigster, dann auf höchster Stufe gut durcharbeiten. Gut ausgedrückte Kürbisraspel unterheben.

2 Den Teig in 12 Muffinförmchen (für 12 Muffins, gefettet, gemehlt) verteilen. Die Förmchen auf dem Rost in den Backofen schieben.

Ober-/Unterhitze: etwa 180 °C (vorgeheizt)
Heißluft: etwa 160 °C (vorgeheizt)
Gas: Stufe 2–3 (vorgeheizt)
Backzeit: etwa 25 Minuten.

3 Die Muffins 10 Minuten in der Form stehen lassen, aus den Förmchen lösen und auf einem Kuchenrost erkalten lassen.

Tipp: Die Muffins können auch mit einem Puderzuckerguss verziert werden.

Kürbisbrot mit Dinkel

GEFRIERGEEIGNET • VOLLWERT

DIE ZUTATEN

Zum Vorbereiten:

300 g	Kürbisfleisch, (geputzt, ohne faserigen Innenteil)
1 TL	Salz

Für den Hefeteig:

350 g	Dinkel-Vollkornmehl
1 Pck.	frische Hefe
1 TL	flüssiger Honig
100 ml	lauwarmes Wasser
1 1/2 TL	Salz
1 TL	gemahlener Koriander
120 g	grobe Haferflocken

1. Zum Vorbereiten Kürbisfleisch in kleine Würfel schneiden. Kürbiswürfel in einem Topf mit Salz mischen. Etwa 10 Minuten zum Saft ziehen stehen lassen.

2. Kürbismasse zum Kochen bringen und zugedeckt etwa 10 Minuten dünsten, abkühlen lassen.

3. Für den Teig Mehl in eine Rührschüssel geben. In die Mitte eine Vertiefung drücken. Hefe hineinbröckeln, Honig und etwas von dem Wasser hinzufügen. Mit einer Gabel vorsichtig verrühren und etwa 10 Minuten gehen lassen.

4. Salz, Koriander, restliches Wasser, Haferflocken und die lauwarme Kürbismasse hinzufügen. Die Zutaten mit Handrührgerät mit Knethaken zunächst auf niedrigster, dann auf höchster Stufe in etwa 5 Minuten zu einem Teig verarbeiten. Den Teig zugedeckt so lange an einem warmen Ort stehen lassen, bis er sich sichtbar vergrößert hat.

5. Den Teig leicht mit Mehl bestäuben, auf einer bemehlten Arbeitsfläche nochmals kurz durchkneten und zu einem ovalen Laib formen.

6. Den Teiglaib auf ein Backblech (mit Backpapier belegt) legen.

7. Den Teiglaib zugedeckt nochmals so lange an einem warmen Ort gehen lassen, bis er sich sichtbar vergrößert hat. Die Oberfläche mit einem scharfen Messer der Länge nach etwa 1 cm tief einschneiden (nicht drücken). Das Backblech in den Backofen schieben.

Ober-/Unterhitze: etwa 200 °C (vorgeheizt)
Heißluft: etwa 180 °C (nicht vorgeheizt)
Gas: Stufe 3–4 (nicht vorgeheizt)
Backzeit: etwa 45 Minuten.

8. Das Brot mit dem Backpapier vom Backblech auf einen Kuchenrost ziehen. Brot erkalten lassen.

Zubereitungszeit:
50 Minuten, ohne Abkühl- und Teiggehzeit
Insgesamt:
E: 58 g, F: 16 g, Kh: 335 g,
kJ: 7605, kcal: 1815

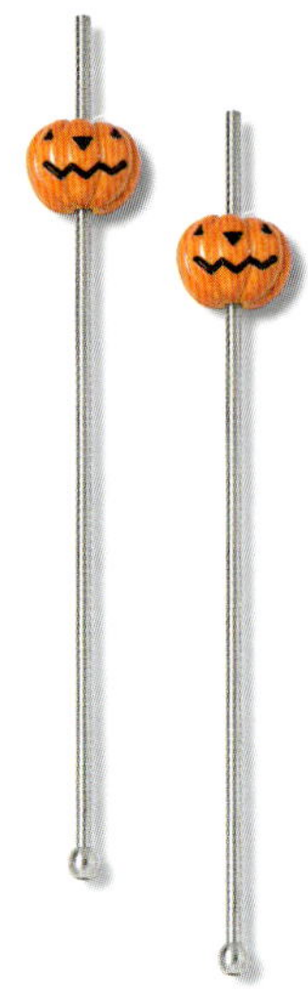

Kürbisbrot

PREISWERT

1 Zum Vorbereiten Kürbisfruchtfleisch klein schneiden, mit Wasser in einem Topf unter Rühren 2–3 Minuten andünsten. Das Kürbisfleisch pürieren und erkalten lassen.

2 Für den Teig Mehl in eine Rührschüssel sieben, mit Trockenhefe sorgfältig vermischen. Honig, Milch, Speiseöl, Salz und Kürbispüree hinzufügen.

3 Die Zutaten mit Handrührgerät mit Knethaken zunächst auf niedrigster, dann auf höchster Stufe in etwa 5 Minuten zu einem Teig verarbeiten. Den Teig zugedeckt so lange an einem warmen Ort stehen lassen, bis er sich sichtbar vergrößert hat.

4 Den Teig aus der Schüssel nehmen, auf einer bemehlten Arbeitsfläche nochmals kurz duchkneten, zu einem länglichen Laib formen und in eine Kasten- oder Brotbackform (11 x 35 cm, gefettet) legen. Den Teig nochmals so lange an einem warmen Ort gehen lassen, bis er sich sichtbar vergrößert hat.

5 Die Teigoberfläche der Länge nach etwa 1 cm tief einschneiden. Die Form auf dem Rost in den Backofen schieben.

Ober-/Unterhitze: etwa 200 °C (vorgeheizt)
Heißluft: etwa 180 °C (nicht vorgeheizt)
Gas: Stufe 3–4 (nicht vorgeheizt)
Backzeit: etwa 50 Minuten.

6 Das Brot aus der Form lösen und auf einem Kuchenrost erkalten lassen.

Tipp: **Zusätzlich die Form mit Kürbiskernen ausstreuen.**

Die Zutaten

Zum Vorbereiten:

300 g Kürbisfleisch
3–4 EL Wasser

Für den Hefeteig:

500 g Weizenmehl (Type 550)
1 Pck. Dr. Oetker Trockenbackhefe
2 EL flüssiger Honig
3 EL lauwarme Milch
100 ml Speiseöl
1 gestr. TL Salz

Zubereitungszeit:
30 Minuten, ohne Abkühl- und Teiggehzeit

Insgesamt:
E: 61 g, F: 107 g, Kh: 405 g
kJ: 12387, kcal: 2960

Eingekochter Kürbis, pikant

GUT VORZUBEREITEN • FÜR 4 GLÄSER VON JE 1 L INHALT

1 Zum Vorbereiten Kürbis schälen, halbieren. Die Kerne mit einem Löffel herauskratzen. Das Kürbisfleisch in kleine Würfel schneiden. Kürbiswürfel in eine große Schüssel geben.

2 Zum Durchziehen Weinessig und Wasser verrühren und über die Kürbiswürfel gießen. Kürbiswürfel zugedeckt über Nacht kalt stellen und durchziehen lassen.

3 Kürbiswürfel mit einem Schaumlöffel herausnehmen und gut abtropfen lassen.

4 Für die Essig-Zucker-Lösung Essig, Wasser, Zucker, Zitronensaft und -schale und Ingwer in einem Topf zum Kochen bringen. Kürbiswürfel nach und nach darin glasig kochen (nicht zu weich werden lassen). Die Kürbiswürfel mit einem Schaumlöffel herausnehmen und in gründlich gereinigte und gespülte Einkochgläser füllen. Die Essig-Zucker-Lösung abkühlen lassen. Die Gläser mit der Essig-Zucker-Lösung auffüllen. Die Gläser verschließen. Die Kürbiswürfel etwa 30 Minuten bei etwa 75 °C einkochen.

DIE ZUTATEN

Zum Vorbereiten:

4 kg Kürbis

Zum Durchziehen:

(auf je 1 kg Kürbis, vorbereitet gewogen:

125 ml (1/8 l) Weinessig

125 ml (1/8 l) Wasser

Für die Essig-Zucker-Lösung:

375 ml (3/8 l) Weinessig

375 ml (3/8 l) Wasser

1500 g Zucker

Saft und Schale von ½ Zitrone (unbehandelt)

1 kleines Stück geschälte Ingwerwurzel

Zubereitungszeit:
90 Minuten, ohne Kühl- und Durchziehzeit

Insgesamt:
E: 24 g, F: 3 g, Kh: 1565 g, kJ: 26721, kcal: 6368

Register

Umwelthinweis: Dieses Buch und der Einband wurden auf chlorfrei gebleichtem Papier gedruckt. Die Einschrumpffolie – zum Schutz vor Verschmutzung – ist aus umweltverträglichem und recyclingfähigem PE-Material.

Bitte beachten Sie bei Gasherden die Gebrauchsanleitung des Herstellers.
Wenn Sie Anregungen, Vorschläge oder Fragen zu unseren Büchern haben, rufen Sie uns unter folgender Nummer an (0521) 155-2580 oder 520650 oder schreiben Sie uns.
Wir antworten umgehend:
Dr. Oetker Verlag KG, Redaktion,
Am Bach 11, 33602 Bielefeld

Redaktion: Carola Reich

Einbandfotos: Thomas Diercks, Hamburg

Innenfotos: Thomas Diercks, Hamburg (S. 4, 15, 17, 21, 29, 35, 37, 39, 41, 43, 45, 47, 55, 57, 61)
Ulli Hartmann, Halle/Westf. (S. 8, 10, 14, 16, 18, 20, 22, 24, 26, 28, 30, 31, 32, 38, 40, 42, 54, 56, 60, 62, 63)
Ulrich Kopp, Sindelfingen (S. 51)
Kramp & Gölling, Hamburg (S. 49)
Bernd Lippert (S. 33, 59)
Hans-Joachim Schmidt, Hamburg (S. 9, 11)
Norbert Toelle, Bielefeld (S. 7, 13)
Brigitte Wegner, Bielefeld (S. 12, 19, 34, 53)

Rezeptentwicklung: Anke Rabeler, Hamburg

Rezeptentwicklung und -beratung: Heide Hagendorf, Bad Rothenfelde
Mechthild Plogmaker, Bielefeld

Grafisches Konzept: Björn Carstensen, Hamburg
Gestaltung: MDH Haselhorst, Bielefeld

Reproduktionen: Fröbus Firmengruppe, Köln
Satz: Typografika, Bielefeld
Druck und Bindung: Mohn media Mohndruck GmbH, Gütersloh

ISBN-10: 3-7670-0587-5
ISBN-13: 978-3-7670-0587-7